Mash
000
MASH
IPONE

F. COICAULT, A. HUEZ, Y. MARIAN, A. LANDA

Les Brêles
DE LA RÉDAC

Casa BD

Dessin : Fred Coicault

Scénario : Alexandre Huez et Yann Marian

Couleurs : Aintzane Landa

Directeur de collection : Jack Domon

Correction : Sandrine Decroix

Direction artistique : Martin Laignel

ISBN : 978-2-38058-318-2

Dépôt légal : mars 2023

Achevé d'imprimer sur les presses de Delabie en Belgique en mars 2023

Premier jour

TU VAS AVOIR LA CHANCE DE COLLABORER AVEC UNE ÉQUIPE DYNAMIQUE ET ENTHOUSIASTE !
ICI, TRAVAIL RIME AVEC PASSION ! BIENVENUE CHEZ BÉCANE MAG !
30 BALLES LE BOUCHON DE RÉSERVOIR, JE VAIS LUI FAIRE UNE OFFRE À 15 €...
ET TOI, IL TE RESTE COMBIEN DE RTT ?
BBQ
CHERS COLLABORATEURS, JE VOUS PRÉSENTE NOTRE NOUVEAU STAGIAIRE, LUCA !
HELLO !
LEQUEL D'ENTRE VOUS SOUHAITE LE PRENDRE SOUS SON AILE BIENVEILLANTE ?
QU'EST-CE QU'ELLE A DIT ?
ELLE DEMANDE QUI VEUT FAIRE UN PAPIER SUR COLUCHE ET SES MOTOS.
LE BON COIN
BBQ
MOI !
PFFF !
LUCA, JE TE PRÉSENTE DONC PATRICK, TON MAÎTRE DE STAGE POUR LES 5 PROCHAINES SEMAINES !
LUCA, 23 ANS, JEUNE PERMIS, KAWASAKI ER6, ET TOI T'ES SUR QUOI ?
UN DÉBUT DE DÉPRESSION...

La couverture été

PATRICK, LUCA, JE VOUS CONFIE LA RÉALISATION DE LA COUVERTURE DU MAG SPÉCIAL ÉTÉ.
J'ATTENDS VOS IDÉES, ET SURTOUT SURPRENEZ-MOI !
J'AI UNE SUPER IDÉE ! ET SI ON...
POPOPO, CALME-TOI !
PATRICK ?
À MOI LES 3 JOURS EN BORD DE MER PAYÉS PAR LA RÉDAC', LES PETITS RESTOS, LE MINI-GOLF, LES GRASSES MAT'...
UNE MOTO EN WHEELING SUR UNE PLAGE, J'ADORE ! QUELLE BONNE IDÉE, PATRICK !
MOINS CRISPÉ PATRICK, MOINS CRISPÉ.
BIENVENUE À PHOTOSHOP -SUR-MER PATRICK !
MERCI POUR LES ÉCONOMIES, MON P'TIT LUCA !
J'VAIS LÂCHER !
BÉCANE MAG
SPÉCIAL VACANCES
COMPARO LES MEILLEURES TONGS POUR FAIRE DE LA MOTO
FAUT-IL JETER SA DEAUVILLE À LA MER

La nouvelle Hornet

LES GARS, VOUS PARTEZ À CENTER PARCS POUR LA PRÉSENTATION DE LA NOUVELLE HORNET.
HORNET
ÇA FAIT 20 ANS QUE JE L'ATTENDS, CETTE BÉCANE !
BROOO
ORIGINAL, COMME ENDROIT, POUR PRÉSENTER UNE MOTO...
MOI, J'EN AI EU UNE GRISE !
LA JAUNE ÉTAIT PLUS BELLE !
PERSO, J'ME SUIS FAIT FLASHÉ AVEC UNE BLANCHE À DEUX-QUARANTE.
MOI, J'EN AI BOURRÉ UNE BLEUE EN ESSAI À SA SORTIE EN 98.
SMOOTHIE MENTHE-CONCOMBRE POUR CES MESSIEURS ?
AH, COOL !
T'AS PAS PLUTÔT UNE PETITE BIÈRE ?
LA HORNET FAIT PARTIE DE CES MOTOS QUI ONT FAIT LA RENOMMÉE DE LA MARQUE...
HORNET
ET VOUS AURIEZ PAS AUSSI DES MINI-BURGERS À BECTER ?
C'EST UN BUFFET VÉGAN, MONSIEUR...
HORNET
LE FRELON ÉLECTRIQUE !!
OH, BORDEL...
EST-CE QU'IL Y A UN DOCTEUR DANS LA SALLE ?
OUI, JE SUIS NATUROPATHE !
IL N'A TOUJOURS PAS PARLÉ DEPUIS SON RÉVEIL, DOCTEUR...
VOUS SAVEZ CE QUI L'A MIS DANS CET ÉTAT ?
LA NOUVELLE HORNET...

Le contrôle technique

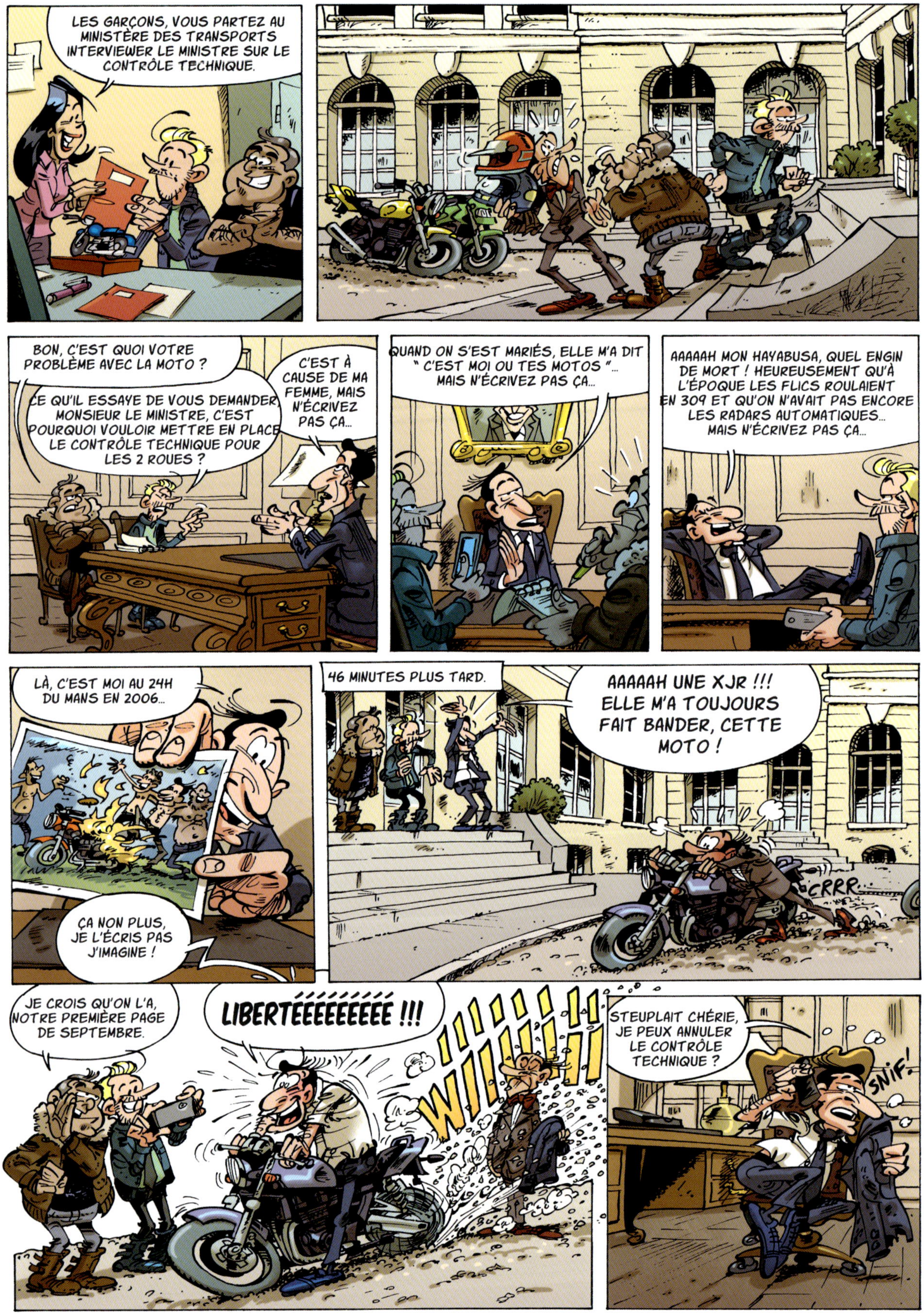
LES GARÇONS, VOUS PARTEZ AU MINISTÈRE DES TRANSPORTS INTERVIEWER LE MINISTRE SUR LE CONTRÔLE TECHNIQUE.
BON, C'EST QUOI VOTRE PROBLÈME AVEC LA MOTO ?
CE QU'IL ESSAYE DE VOUS DEMANDER, MONSIEUR LE MINISTRE, C'EST POURQUOI VOULOIR METTRE EN PLACE LE CONTRÔLE TECHNIQUE POUR LES 2 ROUES ?
C'EST À CAUSE DE MA FEMME, MAIS N'ÉCRIVEZ PAS ÇA...
QUAND ON S'EST MARIÉS, ELLE M'A DIT " C'EST MOI OU TES MOTOS "... MAIS N'ÉCRIVEZ PAS ÇA...
AAAAAH MON HAYABUSA, QUEL ENGIN DE MORT ! HEUREUSEMENT QU'À L'ÉPOQUE LES FLICS ROULAIENT EN 309 ET QU'ON N'AVAIT PAS ENCORE LES RADARS AUTOMATIQUES... MAIS N'ÉCRIVEZ PAS ÇA...
LÀ, C'EST MOI AU 24H DU MANS EN 2006...
ÇA NON PLUS, JE L'ÉCRIS PAS J'IMAGINE !
46 MINUTES PLUS TARD.
AAAAAH UNE XJR !!! ELLE M'A TOUJOURS FAIT BANDER, CETTE MOTO !
CRRR
JE CROIS QU'ON L'A, NOTRE PREMIÈRE PAGE DE SEPTEMBRE.
LIBERTÉÉÉÉÉÉÉÉÉ !!!
WIIIIIII
STEUPLAIT CHÉRIE, JE PEUX ANNULER LE CONTRÔLE TECHNIQUE ?
SNIF !

Superleggera

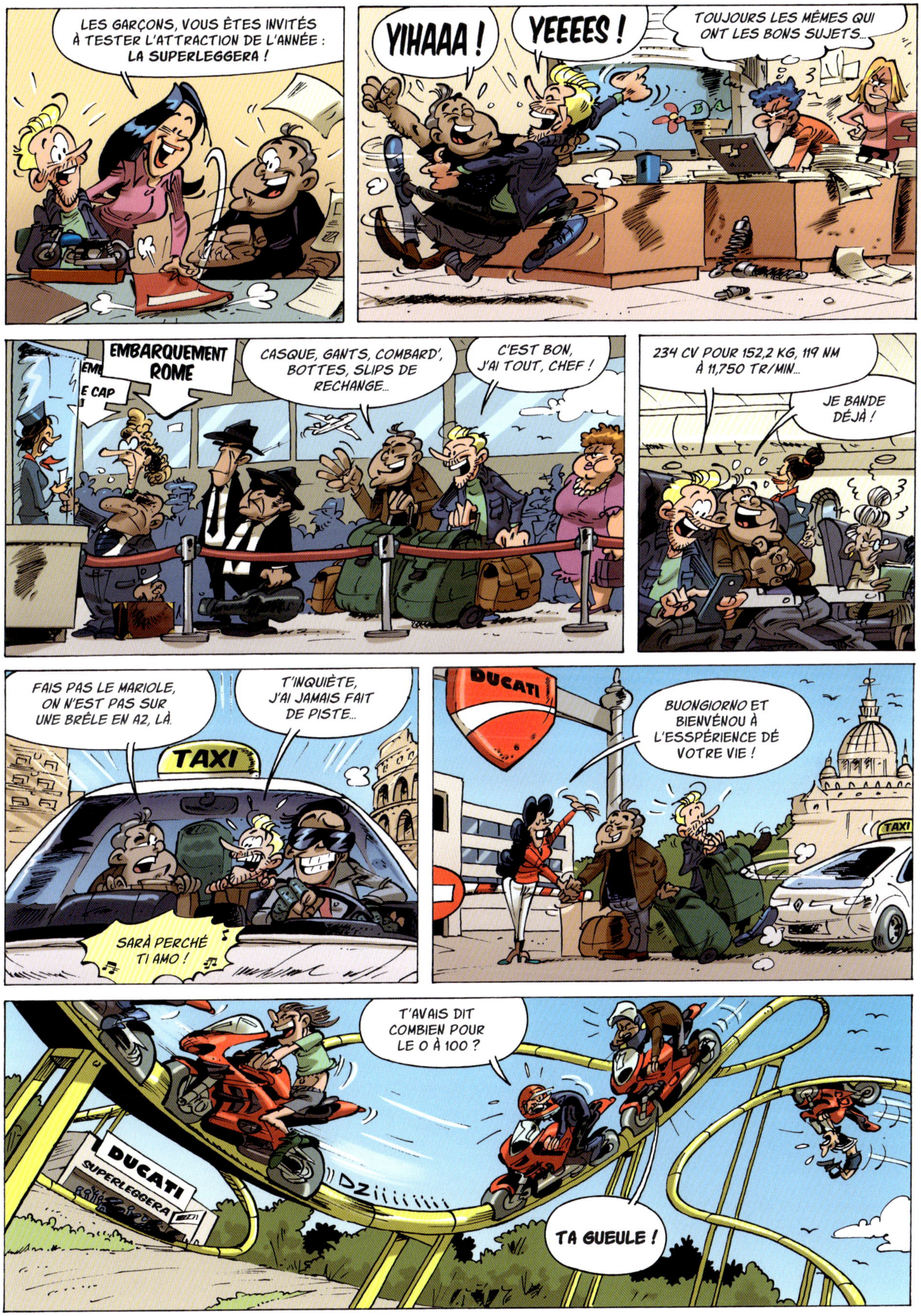
LES GARÇONS, VOUS ÊTES INVITÉS À TESTER L'ATTRACTION DE L'ANNÉE : LA SUPERLEGGERA !
YIHAAA !
YEEEES !
TOUJOURS LES MÊMES QUI ONT LES BONS SUJETS...
EMBARQUEMENT ROME
CASQUE, GANTS, COMBARD', BOTTES, SLIPS DE RECHANGE...
C'EST BON, J'AI TOUT, CHEF !
234 CV POUR 152,2 KG, 119 NM À 11,750 TR/MIN...
JE BANDE DÉJÀ !
FAIS PAS LE MARIOLE, ON N'EST PAS SUR UNE BRÊLE EN A2, LÀ.
T'INQUIÈTE, J'AI JAMAIS FAIT DE PISTE...
TAXI
SARÀ PERCHÉ TI AMO !
DUCATI
BUONGIORNO ET BIENVÉNOU À L'ESSPÉRIENCE DÉ VOTRE VIE !
TAXI
T'AVAIS DIT COMBIEN POUR LE 0 À 100 ?
DUCATI SUPERLEGGERA
DZiiiiiiii
TA GUEULE !

Sapés comme jamais

09:00
09:15
09:25
09:55
DIS-MOI, PATRICK...
DEUX SECONDES, LUCA...
AIR B
10:20
10:33
PLOP
10:34
REPLOP
10:50
11:00
ON DÉMARRE PAR UN PETIT CAFÉ ?
ALLEZ !

11:30
GRAT
GRAT
12:30
PAUSE DÉJ' !
ZIP
ALLEZ !
CRONCH
CRONCH
14:30
16:00
PAUSE CLOPE !
ALLEZ !
CLIC
17:00
18:00
BÉCANE MAG
EH BAH, ENCORE UNE GROSSE JOURNÉE DE BOULOT ! À DEMAIN !
ALLEZ !
BRAAA
BROOO
WAAOOR
VROP VROP VROP

Le portrait robot

ON VOUDRAIT DRESSER LE PORTRAIT ROBOT DE LA MOTO IDÉALE IMAGINÉE PAR LA RÉDACTION.
MON COUSIN DESSINATEUR À LA CRIM POURRAIT MÊME NOUS FAIRE LE VISUEL.
ÇA ME PLAÎT !
ELLE DOIT AVOIR QUOI, POUR TOI, LA MOTO IDÉALE ?
DES WATTS, MON PATOCHE ! DES WATTS !
FAUT QU'ON PUISSE MONTER FACILEMENT DESSUS.
...
VOUS VOYEZ PAS QUE JE SUIS EN TRAIN DE BOSSER ?
SANS HÉSITER, FAUT QUE L'ENGIN SOIT AGILE DANS LES VIRAGES.
... ET POUR TERMINER...
... ELLE DOIT ÊTRE BELLE !
OK.
POLICE
NO FORAL
NOM
DE DIEU
DE BORDEL
DE MERDE...
JE CROIS QUE JE VAIS DÉGOBILLER.
EN TOUT CAS, IL DESSINE BIEN, LE COUSIN.
ALORS ?

La fin du contrôle technique

EH, PATRICK...
CHUUT, UN PEU DE RESPECT VOYONS...
YEEEAAAY!!
LE CONTRÔLE TECHNIQUE EST DÉFINITIVEMENT ENTERRÉ !!!
FRED
AH COOL, JE PEUX PARTIR TRANQUILLE.

Le vocal

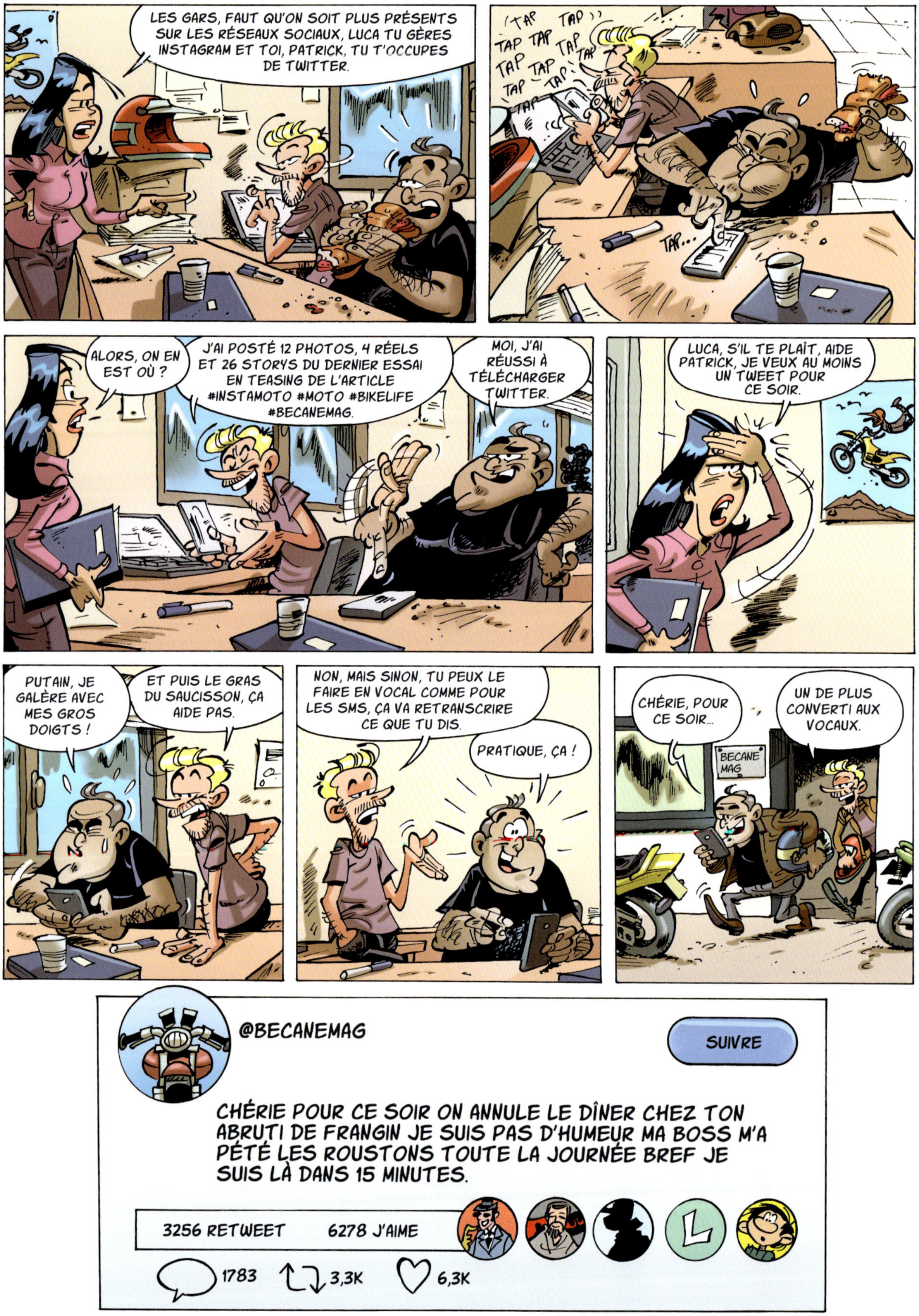
LES GARS, FAUT QU'ON SOIT PLUS PRÉSENTS SUR LES RÉSEAUX SOCIAUX, LUCA TU GÈRES INSTAGRAM ET TOI, PATRICK, TU T'OCCUPES DE TWITTER.
TAP TAP TAP TAP TAP TAP TAP TAP TAP TAP TAP
TAP...
ALORS, ON EN EST OÙ ?
J'AI POSTÉ 12 PHOTOS, 4 RÉELS ET 26 STORYS DU DERNIER ESSAI EN TEASING DE L'ARTICLE #INSTAMOTO #MOTO #BIKELIFE #BECANEMAG.
MOI, J'AI RÉUSSI À TÉLÉCHARGER TWITTER.
LUCA, S'IL TE PLAÎT, AIDE PATRICK, JE VEUX AU MOINS UN TWEET POUR CE SOIR.
PUTAIN, JE GALÈRE AVEC MES GROS DOIGTS !
ET PUIS LE GRAS DU SAUCISSON, ÇA AIDE PAS.
NON, MAIS SINON, TU PEUX LE FAIRE EN VOCAL COMME POUR LES SMS, ÇA VA RETRANSCRIRE CE QUE TU DIS.
PRATIQUE, ÇA !
CHÉRIE, POUR CE SOIR...
BECANE MAG
UN DE PLUS CONVERTI AUX VOCAUX.
@BECANEMAG
SUIVRE
CHÉRIE POUR CE SOIR ON ANNULE LE DÎNER CHEZ TON ABRUTI DE FRANGIN JE SUIS PAS D'HUMEUR MA BOSS M'A PÉTÉ LES ROUSTONS TOUTE LA JOURNÉE BREF JE SUIS LÀ DANS 15 MINUTES.
3256 RETWEET 6278 J'AIME
1783 3,3K 6,3K

La combi de pluie

POUR CONCLURE CETTE CONFÉRENCE DE RÉDACTION, PATRICK ET LUCA, JE VOUS VEUX SUR LE TEST DE LA NOUVELLE COMBI DE PLUIE DE CHEZ " BURNOSEC ".
LÀ, TU PAYES TON DERNIER TWEET, PATOCHE.
AH TIENS, LA MACHINE À CAFÉ DOIT REMARCHER.
PUISQUE VOUS LE PRENEZ COMME ÇA, VOUS ALLEZ TOUS AIDER PATRICK ET LUCA POUR L'ARTICLE.
ET JE LE VEUX POUR CE SOIR !
ON S'EN SORT PAS SI MAL, FINALEMENT...
HÉHÉHÉ

La selle confort

COMMENT ÇA, ELLE EST PAS CONFORTABLE, LA SELLE DE LA V7, PATRICK ?!!!
COMMENT TU PEUX ÉCRIRE ÇA EN AYANT FAIT QUE 15 KM DE TEST ?!
HÉ ! MOLLO, L'AMOUREUX DES GUZZI. C'EST UN VRAI TAPE-CUL, CETTE BRÊLE.
PAF !
BAH MOI, JE VAIS T'FAIRE UN CONTRE TEST ET TE PROUVER QU'ELLE EST CONFORTABLE !
C'EST BIEN, MON GRAND.
ÇA TE VA, COMME ÇA ?
IMPECC' !
IL VA BIEN FERMER SA GUEULE, LE PATOCHE.
BLO BLO BLO BLO BLO
HÉ ! VENEZ ! Y'A TITI QUI PASSE À LA TÉLÉ !
EN EXCLUSIVITÉ SUR NIOUZ 24/24, NOUS VOUS FAISONS VIVRE EN DIRECT...
... LA TOUTE PREMIÈRE GREFFE D'UNE PAIRE DE FESSES. NOUS VIVONS UNE ÉPOQUE FORMIDABLE.
NIOUZ 24/24
DON D'ORGANES

Test à domicile

AVEC LA SUSPENSION DE PERMIS DE PATRICK, ON A DÛ IMAGINER DES SOLUTIONS POUR NOS ESSAIS.
BÉCANE MAG
PLUS D'ANGLE, MON PATOCHE !
50 BALLES QU'IL DÉGOBILLE L'ENTRECÔTE DE CE MIDI DANS SON SHOEI.
C'EST QUOI, CE BAROUF ?
PÊT
BLOR
BROO
GLOM
BROO
BRRO
POF

La collecte de vêtements

ON VA ORGANISER UNE COLLECTE DE VÊTEMENTS AU PROFIT DES GENS DANS LE BESOIN, JE VOUS CONFIE LA SUPERVISION DE L'OPÉRATION.
ENCORE 1 MINUTE ET LA COLLECTE EST EN LIGNE !
1 SEMAINE PLUS TARD.
L'OPÉRATION EST UN SUCCÈS, LA COMMUNAUTÉ MOTARDE A ÉTÉ SUPER GÉNÉREUSE.
ON A DÉJÀ COLLECTÉ ET EXPÉDIÉ 12 TONNES DE VÊTEMENTS.
J'SUIS FIER DE VOUS, LES GARÇONS.
QUELQUE PART EN FRANCE, 6H DU MATIN.
BON, LES GARS, ON DÉMANTÈLE CE CAMP RAPIDOS, J'VEUX QU'ON SOIT À L'APÉRO À 11H.
C'EST QUOI, CE BORDEL ?!?
ALLO, M'SIEUR LE PRÉFET, LES RENSEIGNEMENTS N'ÉTAIENT PAS BONS...
POLICE
... C'EST PAS UN CAMP DE MIGRANTS, C'EST UN RASSEMBLEMENT DE MOTARDS...
BON BAH, APÉRO ?!
SUZUKI
YAMAHA
DUCATI
KAWA
HONDA
TRIUMPH
REPSOL

La course de côte

BECANE MAG
ALORS, MON P'TIT LUCA, PRÊT POUR CE REPORTAGE IMMERSIF EN COURSE DE CÔTE ?
INSCRIPTIONS
BONNE CHANCE POUR DEMAIN, LES GARS !
PETIT COUP À BOIRE ?
NON, C'EST GENTIL, MERCI.
POURQUOI PAS !
CONTRÔLE ÉQUIPEMENT
POSEZ ÇA LÀ.
P'TIT COUP DE ROSÉ DU BEAU-FRÈRE ?
ÇA VA ALLER, MERCI.
AH, SI C'EST CELUI DU BEAU-FRÈRE !
CONTRÔLE TECHNIQUE
BON. TOUT EST OK POUR LE 386.
OK, C'EST NOTÉ.
P'TITE BIÈRE POUR FÊTER ÇA ?
SANS FAÇON.
ALLEZ !
VOUS BUVEZ UN COUP ?
UN P'TIT RHUM ARRANGÉ ?
HEY LES GARS, C'EST MA TOURNÉE !
ON EST OÙ, LÀ ?
C'EST LE PARADIS, ICI !
DÉPART
BAH... SACHANT QUE TOUS LES PILOTES SE SONT PAS RÉVEILLÉS ET QUE LA DIRECTION DE LA COURSE EST EN TRAIN DE CUVER... C'EST ANNULÉ...
ZZZ
JACKY ÉVÉNEMENTIEL
C'EST QUOI, CE COMPARATIF SUR LE CÔTES-DU-RHÔNE ?
ON A DÛ IMPROVISER. HEIN LUCA ?
J'AI LU L'ARTICLE, J'AI ADORÉ, PATRICK !

Trous en formation

J'AI BESOIN D'UN DOSSIER COMPLET SUR L'ÉTAT DES ROUTES EN FRANCE, LES GARS.
BAH PARLONS-EN, OUAIS, DU PLUS GRAND SCANDALE D'ÉTAT !!! C'EST ENCORE PLUS OBSCUR QUE L'AFFAIRE KENNEDY !
POURQUOI ON S'OCCUPE PAS DES NIDS-DE-POULE ? JE VOUS LE DONNE EN MILLE, C'EST LE LOBBY DES POMPES FUNÈBRES DERRIÈRE TOUT ÇA !!
ET L'INDUSTRIE PHARMACEUTIQUE, LES MERCUROCHROME, HANSAPLAST, SYNTHOL ET COMPAGNIE... ÇA LES ARRANGE PAS, LES GRAVILLONS ?!
MAIS PATRICK...
ET CES PUTAINS DE RADARS AUTOMATIQUES, IL VA OÙ, L'ARGENT ?!
IL EST EN TRAIN DE NOUS PÉTER UNE DURITE, LÀ !
TON COEUR, PATRICK, TON COEUR !
UNE SEMAINE PLUS TARD.
COMMENT TU TE SENS, PATRICK ?
AH, MAIS TOUT VA BIEN, MON P'TIT LUCA, SIMULER UN BURN-OUT, C'EST 15 JOURS AUX FRAIS DE LA PRINCESSE.

En tournage

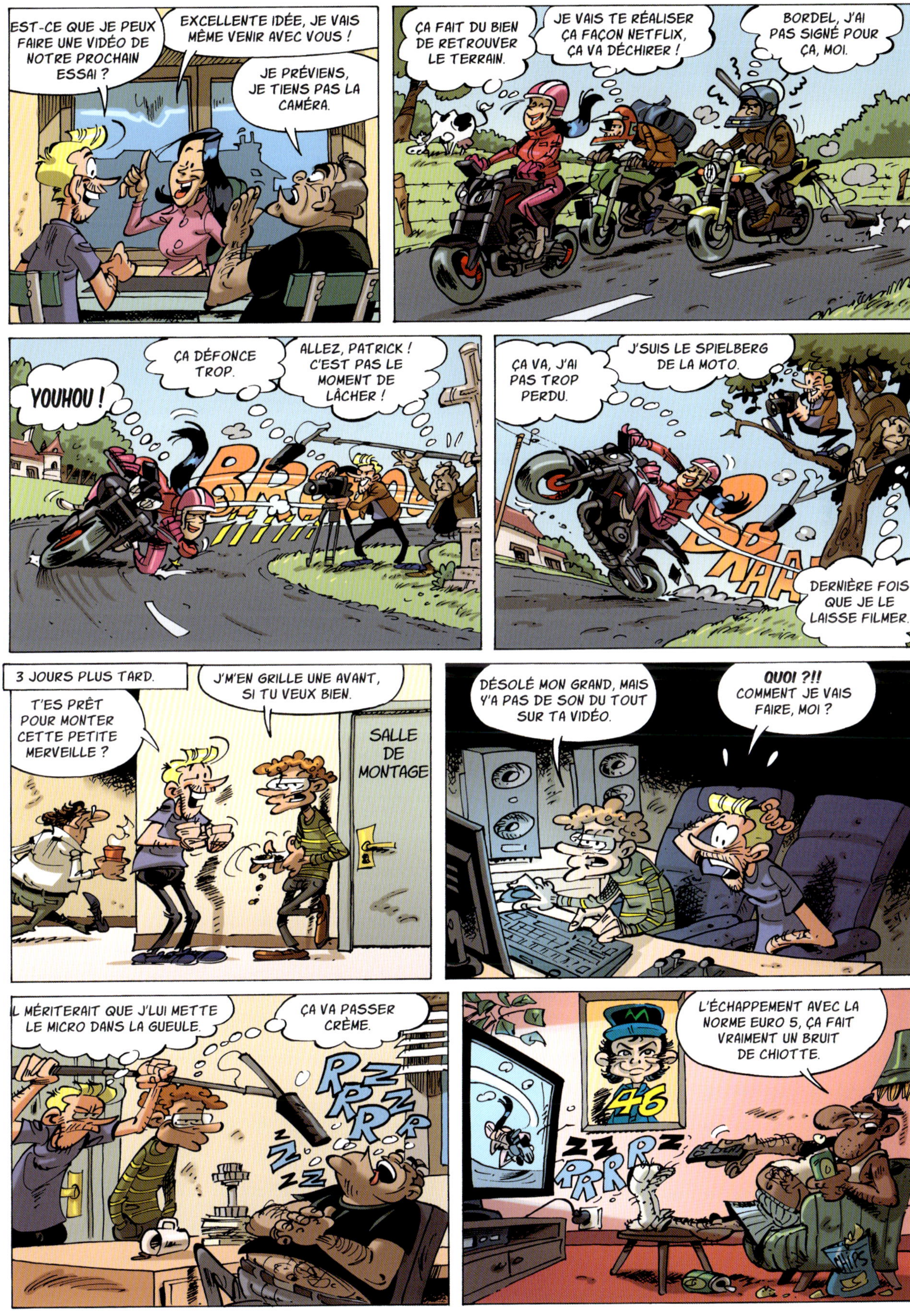
EST-CE QUE JE PEUX FAIRE UNE VIDÉO DE NOTRE PROCHAIN ESSAI ?
EXCELLENTE IDÉE, JE VAIS MÊME VENIR AVEC VOUS !
JE PRÉVIENS, JE TIENS PAS LA CAMÉRA.
ÇA FAIT DU BIEN DE RETROUVER LE TERRAIN.
JE VAIS TE RÉALISER ÇA FAÇON NETFLIX, ÇA VA DÉCHIRER !
BORDEL, J'AI PAS SIGNÉ POUR ÇA, MOI.
YOUHOU !
ÇA DÉFONCE TROP.
ALLEZ, PATRICK ! C'EST PAS LE MOMENT DE LÂCHER !
ÇA VA, J'AI PAS TROP PERDU.
J'SUIS LE SPIELBERG DE LA MOTO.
DERNIÈRE FOIS QUE JE LE LAISSE FILMER.
3 JOURS PLUS TARD.
T'ES PRÊT POUR MONTER CETTE PETITE MERVEILLE ?
J'M'EN GRILLE UNE AVANT, SI TU VEUX BIEN.
SALLE DE MONTAGE
DÉSOLÉ MON GRAND, MAIS Y'A PAS DE SON DU TOUT SUR TA VIDÉO.
QUOI ?!! COMMENT JE VAIS FAIRE, MOI ?
IL MÉRITERAIT QUE J'LUI METTE LE MICRO DANS LA GUEULE.
ÇA VA PASSER CRÈME.
L'ÉCHAPPEMENT AVEC LA NORME EURO 5, ÇA FAIT VRAIMENT UN BRUIT DE CHIOTTE.
46
CHIPS

La dictée

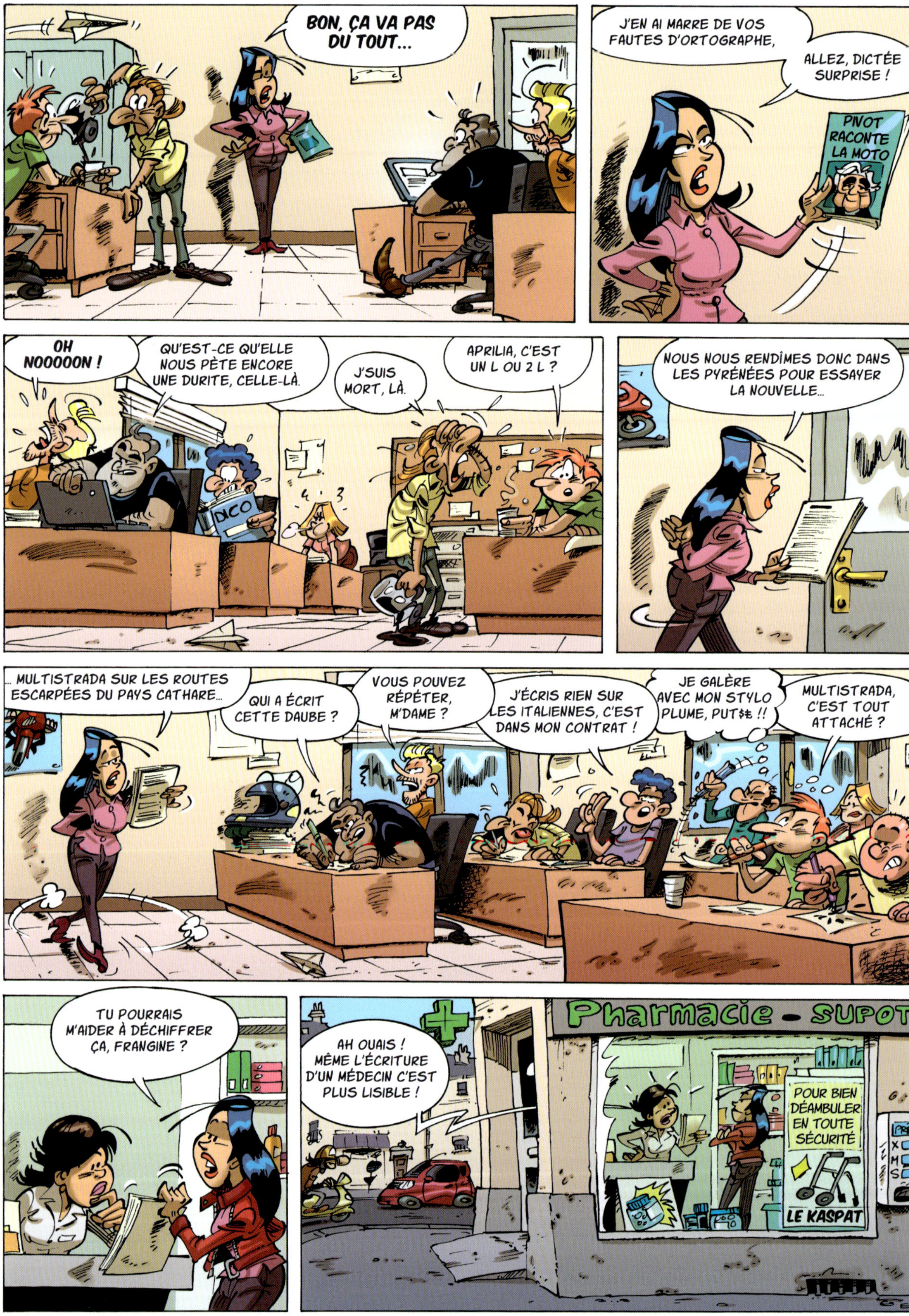

BON, ÇA VA PAS DU TOUT...
J'EN AI MARRE DE VOS FAUTES D'ORTOGRAPHE,
ALLEZ, DICTÉE SURPRISE !
PIVOT RACONTE LA MOTO
OH NOOOOON !
QU'EST-CE QU'ELLE NOUS PÈTE ENCORE UNE DURITE, CELLE-LÀ.
J'SUIS MORT, LÀ.
APRILIA, C'EST UN L OU 2 L ?
DICO
NOUS NOUS RENDÎMES DONC DANS LES PYRÉNÉES POUR ESSAYER LA NOUVELLE...
... MULTISTRADA SUR LES ROUTES ESCARPÉES DU PAYS CATHARE...
QUI A ÉCRIT CETTE DAUBE ?
VOUS POUVEZ RÉPÉTER, M'DAME ?
J'ÉCRIS RIEN SUR LES ITALIENNES, C'EST DANS MON CONTRAT !
JE GALÈRE AVEC MON STYLO PLUME, PUT$£ !!
MULTISTRADA, C'EST TOUT ATTACHÉ ?
TU POURRAIS M'AIDER À DÉCHIFFRER ÇA, FRANGINE ?
Pharmacie - SUPOT
AH OUAIS ! MÊME L'ÉCRITURE D'UN MÉDECIN C'EST PLUS LISIBLE !
POUR BIEN DÉAMBULER EN TOUTE SÉCURITÉ
LE KASPAT

La manif

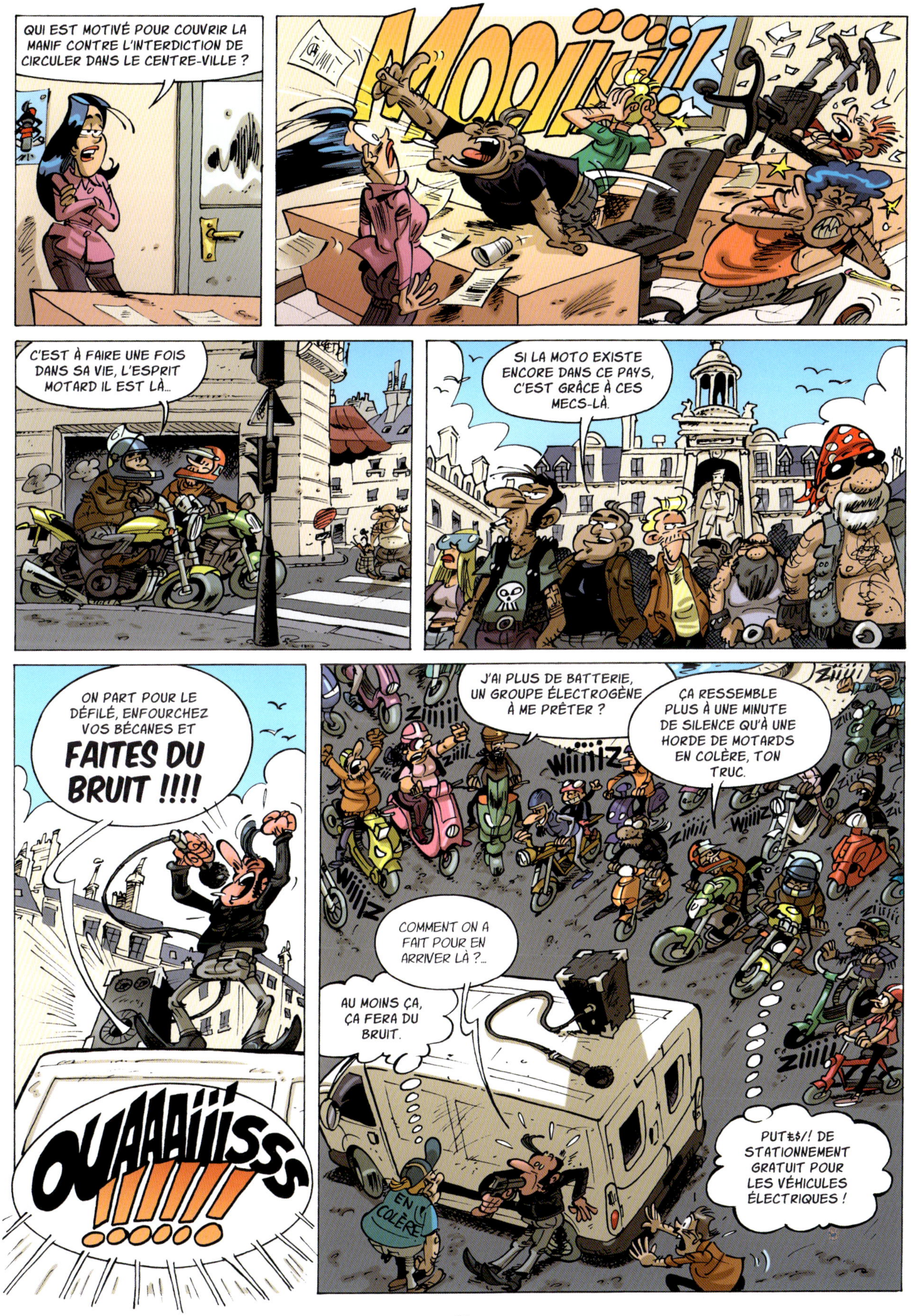
QUI EST MOTIVÉ POUR COUVRIR LA MANIF CONTRE L'INTERDICTION DE CIRCULER DANS LE CENTRE-VILLE ?
MOOÏÏÏÏ!!
C'EST À FAIRE UNE FOIS DANS SA VIE, L'ESPRIT MOTARD IL EST LÀ...
SI LA MOTO EXISTE ENCORE DANS CE PAYS, C'EST GRÂCE À CES MECS-LÀ.
ON PART POUR LE DÉFILÉ, ENFOURCHEZ VOS BÉCANES ET
FAITES DU BRUIT !!!!
OUAAAIIISSS !!!!!!
J'AI PLUS DE BATTERIE, UN GROUPE ÉLECTROGÈNE À ME PRÊTER ?
ÇA RESSEMBLE PLUS À UNE MINUTE DE SILENCE QU'À UNE HORDE DE MOTARDS EN COLÈRE, TON TRUC.
COMMENT ON A FAIT POUR EN ARRIVER LÀ ?...
AU MOINS ÇA, ÇA FERA DU BRUIT.
EN COLÈRE
PUT£$/! DE STATIONNEMENT GRATUIT POUR LES VÉHICULES ÉLECTRIQUES !

Le bol d'or

J'COMPTE SUR TOI POUR PAS ME PLANTER, MA BELLE.
EN ROUTE POUR LE BOL D'OR !
ÇA VA ÊTRE QUE DU BONHEUR, CE RETRO TEST.
BRAAA
BROO
JE CROIS QU'ELLE A PAS AIMÉ LE SP95-E10...
ELLE A SURTOUT PAS AIMÉ LES 14000 TOURS.
TÛT TÛT
ET OUAIS, UNE MÉGANE RS ÇA PEUT RATTRAPER UN V-MAX.
EXCÈS DE VITESSE + TENTATIVE DE FUITE = RIP LE PERMIS.
LUI QUI DÉTESTE VENIR BOSSER EN MÉTRO.
SITROM
LE ROI DE LA GAMELLE
AH OUAIS, ELLE FREINE PAS DU TOUT COMME LA 2022.
SANS ÉLECTRONIQUE, TU FAIS MOINS LE MARIOLE.

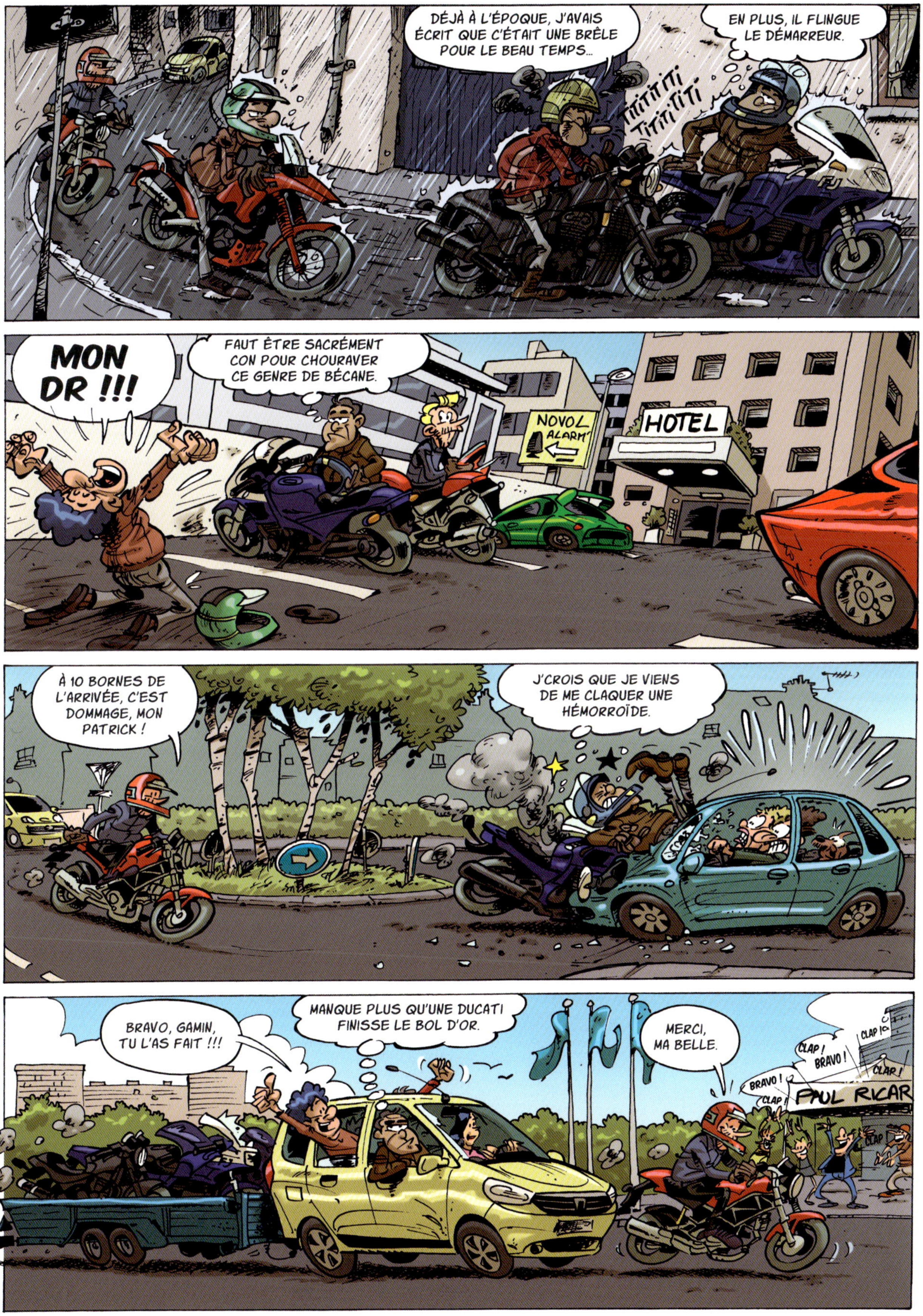
DÉJÀ À L'ÉPOQUE, J'AVAIS ÉCRIT QUE C'ÉTAIT UNE BRÊLE POUR LE BEAU TEMPS...
EN PLUS, IL FLINGUE LE DÉMARREUR.
TITITITI TITITITI
MON DR !!!
FAUT ÊTRE SACRÉMENT CON POUR CHOURAVER CE GENRE DE BÉCANE.
NOVOL ALARM
HOTEL
À 10 BORNES DE L'ARRIVÉE, C'EST DOMMAGE, MON PATRICK !
J'CROIS QUE JE VIENS DE ME CLAQUER UNE HÉMORROÏDE.
BRAVO, GAMIN, TU L'AS FAIT !!!
MANQUE PLUS QU'UNE DUCATI FINISSE LE BOL D'OR.
MERCI, MA BELLE.
CLAP !
BRAVO !
CLAP !
BRAVO !
CLAP !
CLAP !
PAUL RICAR

Le touquet

OUIÏNNN!

Le compte CPF

PARDON ? QUOI ? MON COMPTE FORMATION ? J'AI PAS LE TEMPS, LÀ...
BAR ★ BISTR
JOE BAR
ALLÔ MONSIEUR LUCA, C'EST MADAME DURAND POUR VOTRE COMPTE CPF.
PFFFF
SCRITCH !
AVEZ-VOUS UTILISÉ VOS DROITS À LA FORMATION, MONSIEUR ?
BÉCANE MAG
ORDRE DU JOUR
... C'EST DOMMAGE DE NE PAS EN PROFITER, MONSIEUR LUCA...
DE TOUTE FAÇON, LA FORMATION QUE J'VEUX VOUS L'AVEZ PAS !
FORMATION PILOTE MOTO GP BY ROSSI
ICI AU POINT DÉ CORDÉ ILÉ FAUT RÉMETTRE LES GAZ EN GRANDÉ !
MUGELLO
COMME QUOI, MERCI LE COMPTE FORMATION.

Pas de bol

TIENS, ELLE EST PAS LÀ ?
QU'EST-CE QU'ELLE VA ENCORE NOUS REFILER COMME SUJET À LA CON ?
MARGAUX
L'ESSAI DU SIDE-CAR MASH ?
OH, L'ENFER !
TU VAS VOIR QU'ELLE VA NOUS COLLER UN ROAD TRIP DANS LES ARDENNES EN PLEIN HIVER.
OH, LE FILM D'HORREUR.
ELLE AVAIT PARLÉ DE FAIRE UN ARTICLE EN IMMERSION AVEC SQUIZASSE78.
AH, L'AUTRE ABRUTI DE YOUTUBEUR ?
AH, JE L'AI !
MERCI POUR VOTRE PROPOSITION D'ESSAI SIDE-CAR DANS LES ARDENNES AVEC SQUIZASSE78.
EUH... AVEC PLAISIR, MADAME.
FAYOT.
CLAC !
CLAC !

Le youtubeur

ARRÊTEZ-VOUS LÀ, C'EST PARFAIT POUR ME PRENDRE EN PHOTO SUR LE SIDE.
QUEL ESCROC, CE SQUIZASS78...
ALLEZ, COURSE-POURSUITE AVEC LES CONDÉS, PATRICK !
ÇA VA BUUUUZZZER !!!
JE LEUR DIS DE LE FAIRE ET ILS LE FONT CES CONS ! AHAHAHA !
GLA GLA GLA GLA GLA GLA GLA
BLUB BLUB BLUB BLUB
AHAHAHAHA !
POISSONNERIE
JEAM-MI, INTERCEPTION AU RAYON SURGELÉS !
ALORS, LES BLAIREAUX DE LA PRESSE, ON A KIFFÉ LA JOURNÉE ? AHAHAHA !
JE VOIS QUE ÇA S'EST BIEN PASSÉ AVEC SQUIZASSE78...
JE ME FAIS DÉFONCER PAR UN JOURNALEUX
4,3 M DE VUES • IL Y A UN JOUR
789 K
ECHAP
F1
F2
F3
F4

Le pot de départ

JANVIER 2006
TU VEUX LE FAIRE QUAND, SON POT DE DÉPART ?
FAUT QU'ON S'EN DÉBARRASSE LE PLUS VITE POSSIBLE.
PFFFF
T'AS PRÉVU DES BOUGIES ?
T'INQUIÈTE PAS, VA.
MAMMUTH
OK POUR LES CURLYS ET LE PASTAGA ?
DES PETITS LÉGUMES CRUS?
DU CALME, MARGAUX, ÇA SERA PÂTÉ EN CROÛTE POUR TOUT LE MONDE.
CASSE-BONBONS, LA NOUVELLE, POURQUOI PAS DU JUS DE FRUITS, NON PLUS, PFFFF !
C'ÉTAIT PAS UNE SI MAUVAISE BÉCANE.
MOUAIS, RIEN QU'EN LA REGARDANT J'AI LE CAFARD.
ELLE AVAIT QUAND MÊME LA GUEULE D'UN SCOOT.
ÇA FAIT DU BIEN D'EN PARLER AU PASSÉ.
J'SUIS TOMBÉE CHEZ LES FOUS.
DE NOS JOURS
C'EST COMME ÇA QU'ON A FÊTÉ L'ARRÊT DE LA PRODUCTION DE LA DEAUVILLE.
C'EST BEAU.
POURQUOI TU LUI A PAS RACONTÉ LA FIN DE LA SOIRÉE ?
AVEC LA NOUVELLE GÉNÉRATION ET L'ÉCOLOGIE, FAUT FAIRE GAFFE DE PAS LES CHOQUER.
PATRICK, TU VEUX PAS ALLER CHERCHER L'EXTINCTEUR ?
MOUAIS, ON EST PAS PRESSÉ.
C'EST CON, ON A PAS DE CHAMALOWS.
ON N'EST PAS BIEN, LÀ ?
JE DÉMISSIONNE LUNDI.

La garde à vue

JE VAIS PAS VOUS LE RÉPÉTER 100 FOIS ! ON NE PEUT PAS ÊTRE EN GARDE À VUE PAR ANTICIPATION D'UN DÉLIT !!!
COMMISSARIAT

COMMISSARIAT DE POLICE
SONT VRAIMENT PAS CONCILIANTS, LES KEUFS !!
C'EST CON, J'AURAIS ÉTÉ BEAUCOUP PLUS DÉTENDU DE LA FAIRE AVANT L'ESSAI, CETTE GARDE À VUE.
HAYABUSA
POLICE

La pénurie d'essence

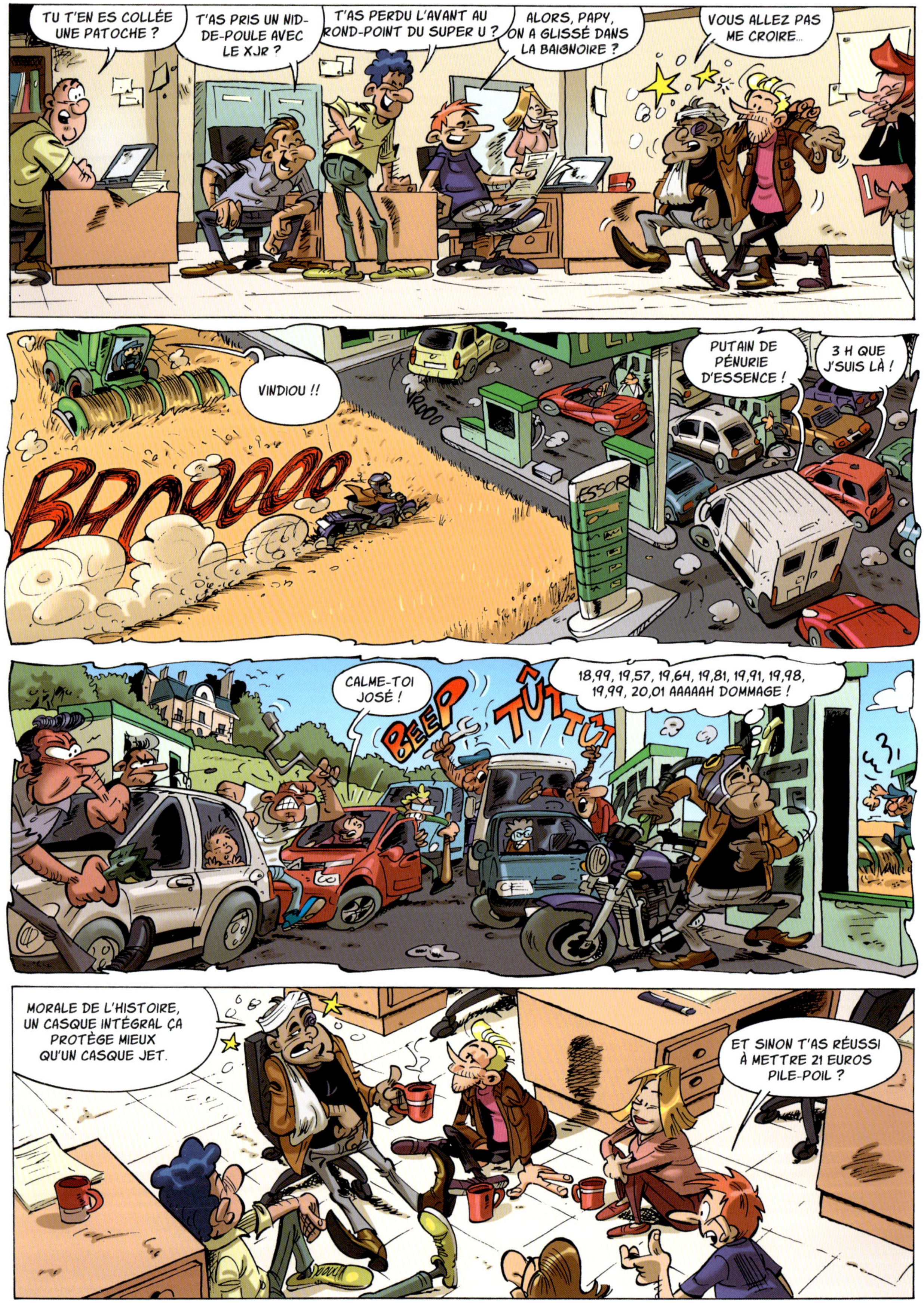
TU T'EN ES COLLÉE UNE PATOCHE ?
T'AS PRIS UN NID-DE-POULE AVEC LE XJR ?
T'AS PERDU L'AVANT AU ROND-POINT DU SUPER U ?
ALORS, PAPY, ON A GLISSÉ DANS LA BAIGNOIRE ?
VOUS ALLEZ PAS ME CROIRE...
VINDIOU !!
BROOOOO
PUTAIN DE PÉNURIE D'ESSENCE !
3 H QUE J'SUIS LÀ !
CALME-TOI JOSÉ !
BEEP
TÛT TÛT
18,99, 19,57, 19,64, 19,81, 19,91, 19,98, 19,99, 20,01 AAAAAH DOMMAGE !
MORALE DE L'HISTOIRE, UN CASQUE INTÉGRAL ÇA PROTÈGE MIEUX QU'UN CASQUE JET.
ET SINON T'AS RÉUSSI À METTRE 21 EUROS PILE-POIL ?

Souvenirs d'essais

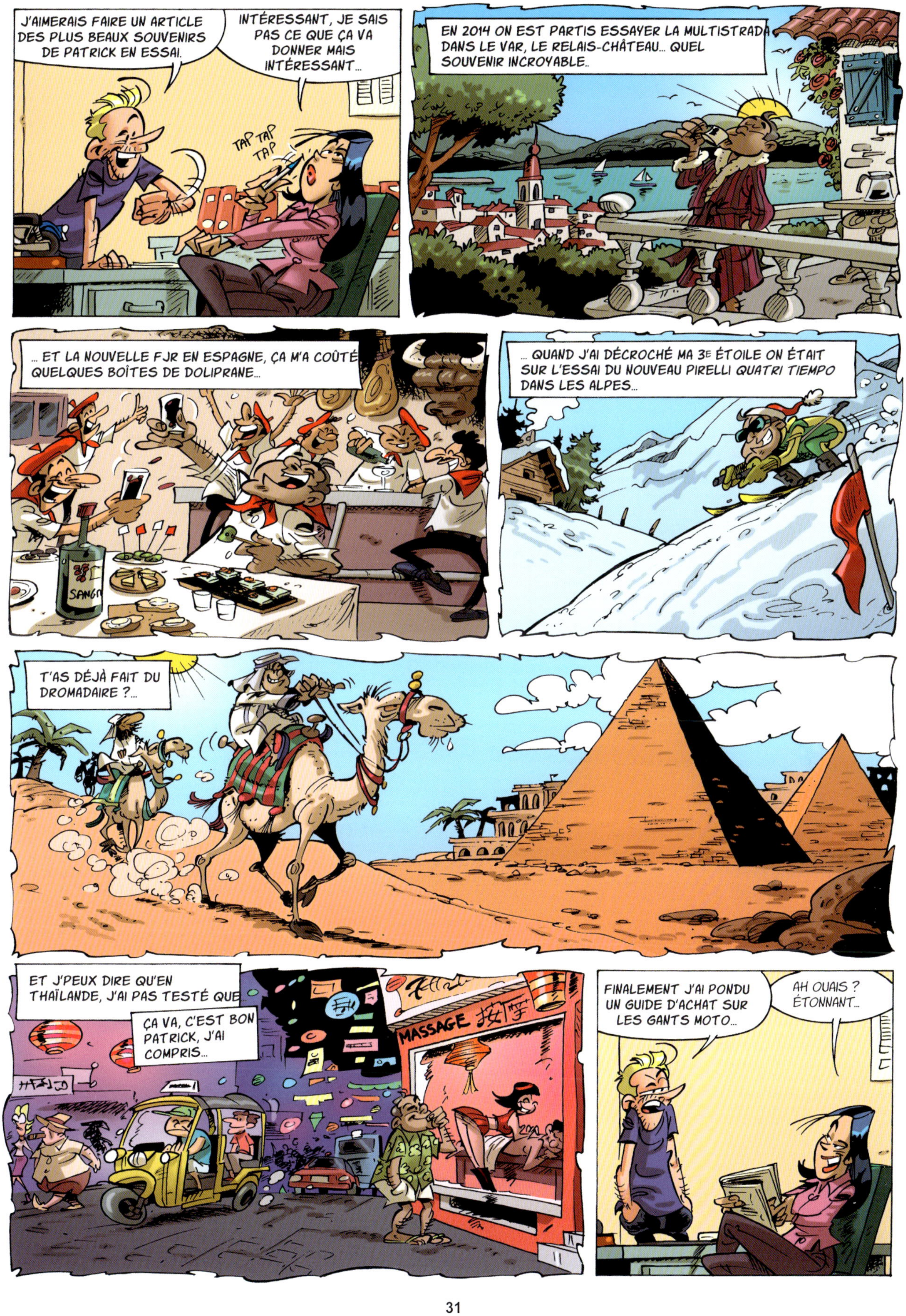

J'AIMERAIS FAIRE UN ARTICLE DES PLUS BEAUX SOUVENIRS DE PATRICK EN ESSAI.
INTÉRESSANT, JE SAIS PAS CE QUE ÇA VA DONNER MAIS INTÉRESSANT...
TAP TAP TAP
EN 2014 ON EST PARTIS ESSAYER LA MULTISTRADA DANS LE VAR, LE RELAIS-CHÂTEAU... QUEL SOUVENIR INCROYABLE..
... ET LA NOUVELLE FJR EN ESPAGNE, ÇA M'A COÛTÉ QUELQUES BOÎTES DE DOLIPRANE...
... QUAND J'AI DÉCROCHÉ MA 3E ÉTOILE ON ÉTAIT SUR L'ESSAI DU NOUVEAU PIRELLI QUATRI TIEMPO DANS LES ALPES...
T'AS DÉJÀ FAIT DU DROMADAIRE ?...
ET J'PEUX DIRE QU'EN THAÏLANDE, J'AI PAS TESTÉ QUE...
ÇA VA, C'EST BON PATRICK, J'AI COMPRIS...
MASSAGE
FINALEMENT J'AI PONDU UN GUIDE D'ACHAT SUR LES GANTS MOTO...
AH OUAIS ? ÉTONNANT...

L'essai de la R1

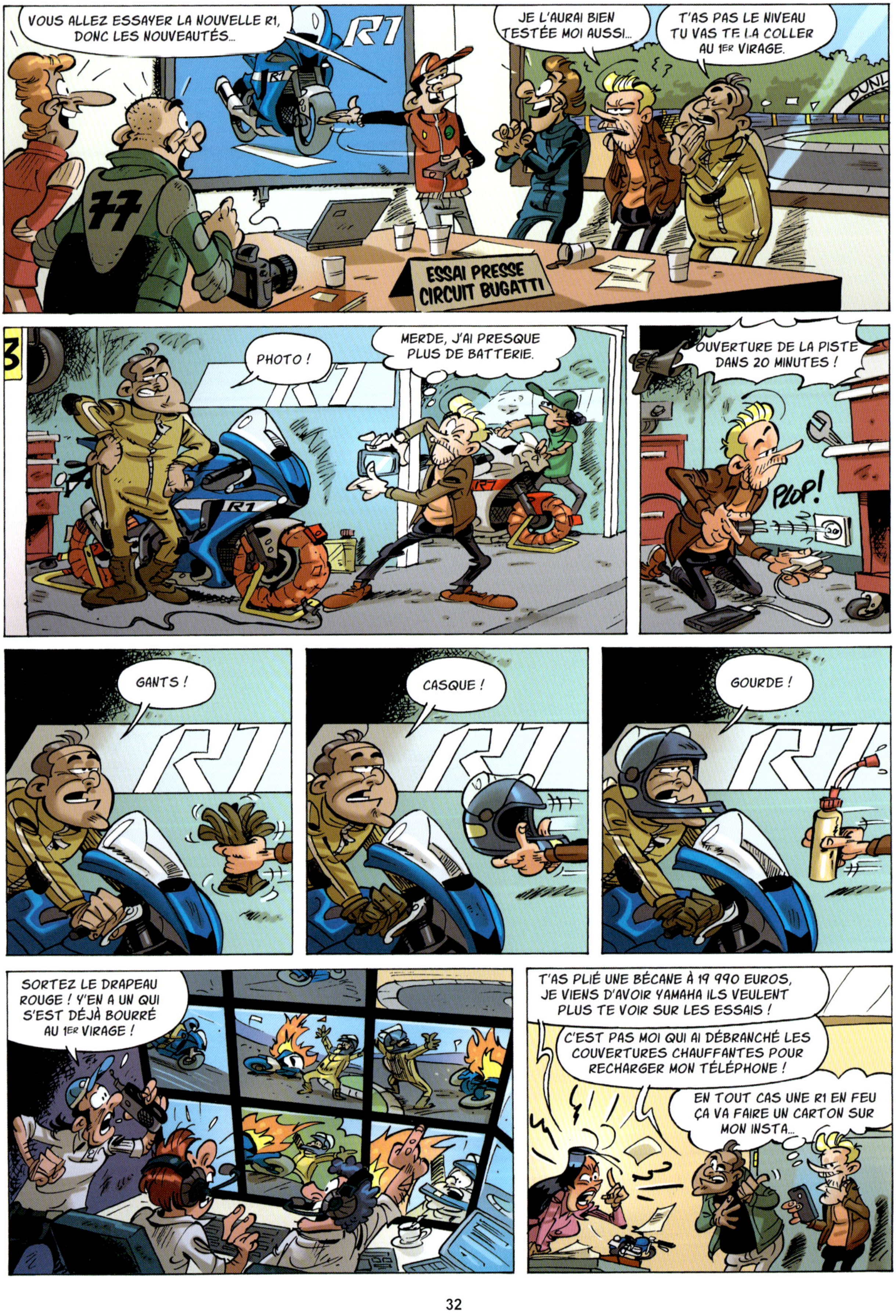
VOUS ALLEZ ESSAYER LA NOUVELLE R1, DONC LES NOUVEAUTÉS...
JE L'AURAI BIEN TESTÉE MOI AUSSI...
T'AS PAS LE NIVEAU TU VAS TE LA COLLER AU 1ER VIRAGE.
ESSAI PRESSE CIRCUIT BUGATTI
PHOTO !
MERDE, J'AI PRESQUE PLUS DE BATTERIE.
OUVERTURE DE LA PISTE DANS 20 MINUTES !
PLOP!
GANTS !
CASQUE !
GOURDE !
SORTEZ LE DRAPEAU ROUGE ! Y'EN A UN QUI S'EST DÉJÀ BOURRÉ AU 1ER VIRAGE !
T'AS PLIÉ UNE BÉCANE À 19 990 EUROS, JE VIENS D'AVOIR YAMAHA ILS VEULENT PLUS TE VOIR SUR LES ESSAIS !
C'EST PAS MOI QUI AI DÉBRANCHÉ LES COUVERTURES CHAUFFANTES POUR RECHARGER MON TÉLÉPHONE !
EN TOUT CAS UNE R1 EN FEU ÇA VA FAIRE UN CARTON SUR MON INSTA...

Le péage

BEEP
ÂÂ
TUUT
POONN
POUÊT
A10
PARIS
ANGERS
NANTES
ROCHEFORT
OUIIIN
URGENT
BIP BIP
TRANSPORT
BONHEUR
TOUJOURS
À L'HEURE
WIF WIF
BORDEL ! IL EST OÙ, CE TICKET DE PÉAGE ?!
PÉAGE
4
35,00 EUROS
KLING
KLING
KLING

L'entraînement

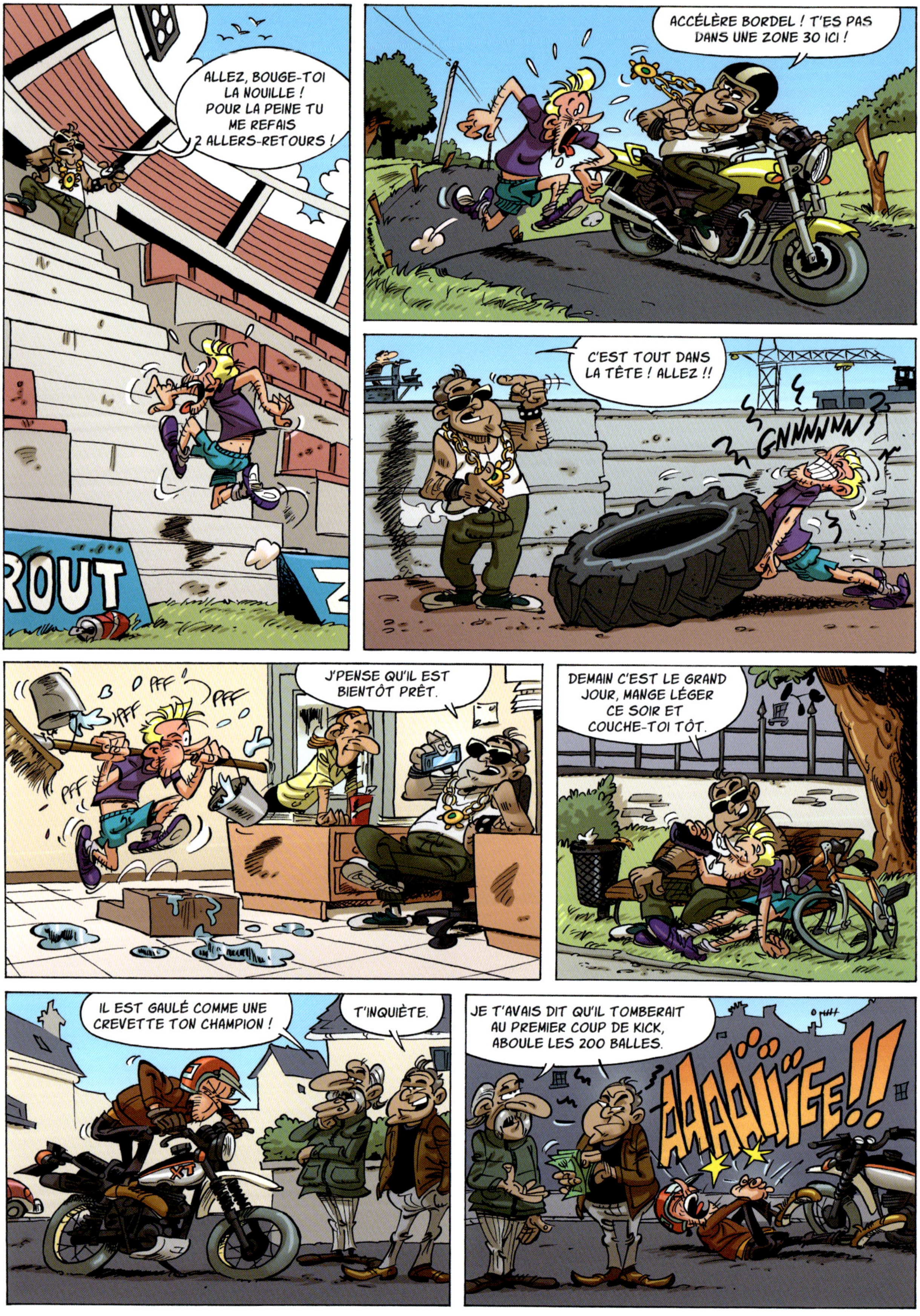
ALLEZ, BOUGE-TOI LA NOUILLE ! POUR LA PEINE TU ME REFAIS 2 ALLERS-RETOURS !
ROUT
ACCÉLÈRE BORDEL ! T'ES PAS DANS UNE ZONE 30 ICI !
C'EST TOUT DANS LA TÊTE ! ALLEZ !!
GNNNNNN
PFF
PFF
PFF
PFF
J'PENSE QU'IL EST BIENTÔT PRÊT.
DEMAIN C'EST LE GRAND JOUR, MANGE LÉGER CE SOIR ET COUCHE-TOI TÔT.
IL EST GAULÉ COMME UNE CREVETTE TON CHAMPION !
T'INQUIÈTE.
JE T'AVAIS DIT QU'IL TOMBERAIT AU PREMIER COUP DE KICK, ABOULE LES 200 BALLES.
AAAÏÏÏEE !!

Le bilan carbone

PAS TOP, LE FEELING DE CES GANTS, AVEC LE CLIC DROIT.
ATCHAA
P'TIT VIN CHAUD, PATRICK ?
ALLEZ !
PUTAIN, LA BINOUZE, ELLE A CONGELÉ !
POUAH, ÇA CAILLE ! C'ÉTAIT PAS 19 DEGRÉS DANS LES LOCAUX, LA CONSIGNE GOUVERNEMENTALE ?
SI, MAIS J'AI AUSSI DÉCIDÉ DE COMPENSER LE BILAN CARBONE DE TOUS NOS ESSAIS.
LEFONCÉ
CHARBON DE BOIS

La polémique

BON LES GARS, FAUT QU'ON DÉCLENCHE UNE POLÉMIQUE POUR FAIRE UN BUZZ.
JE VAIS ÉCRIRE UN BILLET D'HUMEUR CONTRE LA SUPPRESSION DU ROSE DANS LA COLLECTION FEMME DE CHEZ « STYL'MOT ».
EUH, GÉNIAL...
JE COMPRENDS PAS LE CONCEPT, EN FAIT.
C'EST VOUS LA BOSS, HEIN.
TANT QU'ILS SUPPRIMENT PAS LE ROSÉ AU SUPER U !
ÇA SENT BON LE BUZZ, ÇA.
C'EST TROP, SI JE DIS « MISOGYNE » ? NON ÇA NE PEUT QUE DÉCUPLER LES VENTES DU MAG...
SI AVEC ÇA ON FAIT PAS PLUS DE TIRAGES QUE PARIS MATCH !
BÉCANE MAG
1 SEMAINE PLUS TARD.
6 PAGES POUR UN BILLET D'HUMEUR, C'ÉTAIT PEUT-ÊTRE TROP...
PAS CONTENTES !
PAS CONTENTES !
PAS CONTENTES !
EN TOUT CAS, ELLE A RÉUSSI SON COUP SUR L'AUGMENTATION DES TIRAGES.
« EST-CE QU'UN BÉCANE MAG QUI BRÛLE REJETTE PLUS DE CO2 QU'UNE GSX-R ? » BIEN COMME ARTICLE, ÇA !
BÉCANE MAG # TPMP
NON À LA THÉORIE DU GENRE
POLÉMIQUE SANS INTÉRÊT !
RENDEZ-NOUS NOS SUJETS MOTO !

Halloween

LA BOURSE OU LA VIE !
TROP CHOU, TENEZ, LES ENFANTS.
DES BONBONS OU DES BOBOS !
KLANG
CRASHH
CRRRRRR
BOING
TROP MIGNONS, VOS DÉGUISEMENTS ! ALORS VOUS, VOUS LES AVEZ BIEN MÉRITÉ, VOS BONBONS !
DES PANSEMENTS OU DE LA BÉTADINE ?
UNE FOURCHE OU UN RÉSERVOIR ?

La salon de la moto

LES GARÇONS, VOICI 2 ACCRÉDITATIONS POUR LE SALON DE LA MOTO...
YEEESSS !
C'EST LE GRAND RETOUR DU SALON À PARIS, FAITES-MOI UN BEAU COMPTE-RENDU.
HÂTE DE VOIR LES NOUVEAUTÉS.
J'ESPÈRE VOIR LE STAND QUI FAIT DES CASSE-DALLES À LA RACLETTE.
MONDIAL DES 2 ROUES
BON SALON, MESSIEURS.
JE KIFFE MON JOB.
JE VAIS ME FINIR AU STAND CHURROS.
ENTRÉE
HALL 1
Le vélo Électrique
LA MOBILITÉ DE DEMAIN
GENDARMERIE
T'ES SÛR QU'ON EST DANS LE HALL PRINCIPAL ?
MON STAND DE CHARCUTERIE CORSE !
BAR À SOUPES

Le groupe de soutien

BONJOUR, JE M'APPELLE PATRICK, 40 ANS QUE JE FAIS DE LA MOTO ET J'AI FLASHÉ SUR UN SCOOTER ÉLECTRIQUE...
BONJOUR, PATRICK !
HARLEY

L'arrestation

DONC, SI ON RÉCAPITULE... EXCÈS DE VITESSE, FRANCHISSEMENT DE LA LIGNE BLANCHE, NON RESPECT DU STOP, JE PASSE SUR LA PRIORITÉ À DROITE, LES PLAQUES NON HOMOLOGUÉES, LES POTS DÉCHICANÉS, LES CLIGNOS ET RÉTROS VISIBLES AU MICROSCOPE ET LES PNEUS LISSES... LÀ, ON PART SUR UN SÉJOUR ALL INCLUSIVE À FLEURY-MÉROGIS...
MAIS VU QUE VOUS ÊTES JOURNALISTE, ON PEUT S'ARRANGER...
KROT
illicon 2€
SUPER DINGO
JACKPROUT
EUROZERO
20€
BÉCANE MAG
HORS SÉRIE
SPÉCIAL GENDARMERIE
EDITO
UNE GARDE À VUE PLUTÔT SYMPA
DES MÉTIERS DE PASSION
LE COIN OCCAZ
LES MOTOS DE CROSS PERQUISITIONNÉES, UNE BONNE AFFAIRE ?
DES GENDARMES MAIS MOTARD AVANT TOUT
TEST
LA FRJ L'ARME ABSOLUE SUR CIRCUIT
rock
BOWIE
MOTO Journal

L'interfile

DÉSOLÉ...
BÉCANÉ MAG

BAR-TOI
TUT
MEEP
BEEP
BEEP
TAXI
BÉCANÉ MAG
... RÉFLEXE DE L'INTERFILE...

La coloscopie

ÇA VA, MONSIEUR ?
COLOSCOPIE
OUAIS, C'EST PAS PIRE QUE LE PRIX DE LA RÉVISION CHEZ DUCAT'...

Le CDI

BÉCANE MAG CDI
ENTHOUSIASME, VOLONTÉ, ÉNERGIE, TU L'AS AMPLEMENT MÉRITÉ, CE CDI !
C'EST UN HONNEUR ET UNE JOIE IMMENSE D'APPARTENIR DÉSORMAIS À LA GRANDE FAMILLE MOTO BÉCANE.
QUEL SUCEUR, CELUI-LÀ.
PAR CONTRE, LUCA, T'ES GENTIL, MAIS UN VRAI JOURNALISTE MOTO C'EST BLASÉ ET ÇA FAIT LA GUEULE !
BON, IL PAYE SON COUP POUR FÊTER ÇA, LE MERDEUX ?

Le coming-out

PAPA, MAMAN, J'AI QUELQUE CHOSE À VOUS ANNONCER...
... C'EST PAS SIMPLE À VOUS DIRE...
... SURTOUT JE VOUS DEMANDE DE NE PAS ME JUGER...
DONG DONG
FISTON, ENTRE ! ON EST EN PLEIN COURS DE YOGA, LÀ !
ÇA, C'EST PAS LES MERDES QUE TU BOUFFES EN VILLE, HEIN !
... ÇA VA VOUS FAIRE UN CHOC...
AVEC TON PÈRE, ON A FAIT TOUTES LES POUBELLES JAUNES DU QUARTIER !
C'EST QUAND MÊME MIEUX QUE ÇA FINISSE DANS TA CHAMBRE QUE DANS LES OCÉANS, NON ?
VOUS SAVEZ, ON EST TOUS DIFFÉRENTS SUR CETTE PLANÈTE.
... ALLEZ, JE ME LANCE...
... J'AI SIGNÉ UN CDI EN TANT QUE JOURNALISTE MOTO...
PROCH
PRRRTTTTT

Nouvelles ambitions

ÉCOUTE, JE TROUVE TON IDÉE GÉNIALE ! TU AS MON FEU VERT, LUCA !
ON VA TOUT DE SUITE L'ANNONCER À LA RÉDACTION !
DES GUIDONS BRACELETS, ÇA AURAIT DE LA GUEULE SUR UN TÉNÉRÉ !
ET TOI, IL TE RESTE COMBIEN DE TICKETS RESTO ?
CHERS COLLABORATEURS, ON A UNE GRANDE NOUVELLE !
NOUS ALLONS OUVRIR NOTRE PROPRE DÉPARTEMENT VIDÉO AU SEIN DE LA RÉDACTION !
LEQUEL D'ENTRE VOUS SOUHAITE S'ENGAGER DANS CETTE BELLE AVENTURE AVEC LUCA ?
QU'EST-CE QU'ELLE A DIT ?
ELLE DEMANDE QUI VEUT FAIRE UN PAPIER SUR COLUCHE ET SES MOTOS.
LE BON COIN
MOI !
ÇA MARCHE À TOUS LES COUPS.
HIHIHIHI !
LUCA, JE COMPTE SUR TOI POUR FORMER PATRICK À TOUT ÇA.
LUCA, 24 ANS, PERMIS A, TRIUMPH STREET RS FULL, ET TOI T'ES SUR QUOI ?
TA GUEULE.

Le buzz

VOILÀÀÀÀ !
C'EST COMME ÇA QU'ON FAIT LE BUZZ !
EN FAIT, C'EST FIABLE UNE MASH...
VIVEMENT LES BEAUX JOURS, QU'ILS ARRÊTENT DE FAIRE LEURS ESSAIS DANS LA RÉDAC...
JE VAIS LA FUMER, LA BRÊLE !
POP CORN
TEAM
MASH
BECANE MAG
POUR HIER

Les brêles

JE VOUS PRÉSENTE LES AUTEURS DE LA BD LES BRÊLES, QUI PARAÎTRA CHAQUE MOIS DANS LE MAG'.
BONJOUR À TOUS !
EH BEN, ÇA FERA TOUJOURS 2 PAGES DE MOINS À PRODUIRE.
SYMPA, ÇA !
BAH, BONNE CHANCE, LES GARS. POUR MOI, Y'A QUE JOE BAR TEAM QUI TIENNE LA ROUTE.
JOE BAR TEAM
EH MAIS, C'EST PATOCHE ET LUCA !
?!
?!
ILS VOUS ONT BIEN GRATINÉ LA GUEULE...
PFFF !
C'EST QUOI CES CONNERIES ?!
HOHOHO
HAHAHA
HIHIHI
HÉHÉHÉ
DERNIÈRE SOMMATION ! RELÂCHEZ LES OTAGES OU ON LANCE L'ASSAUT !
GIGN
QU'EST-CE QUE T'ES SUSCEPTIBLE, PATRICK. ÇA VA TROP LOIN, LÀ !
TOC TOC

BÉCANE
MAG

MASH
CIPONE